INTRODUCCION

Hola. Mi nombre es Armando Barrera, profesor universitario con más de 15 años de experiencia docente. He impartido clases en el Tecnológico de Monterrey, Incarnate Word University, Universidad del Valle de México, Universidad la Salle, Universidad Anáhuac, UTEL, entre otras.

He sido investigador, colaborador en la Revista Merca 2.0 y coordinador de carrera en una Universidad privada en la Ciudad de México.

Cuento con formación en universidades como el Tecnológico de Monterrey, Universidad de las Américas, Harvard University, Universidad del Valle de México, UNAM, Colmex, CIDE, entre otras.

A través de este libro, intento condensar los conocimientos básicos que una persona que esté estudiando Mercadotecnia, Negocios, Comunicación, Publicidad u otras disciplinas relacionadas necesita para poder tener un conocimiento amplio e interdisciplinario sobre lo relacionado con el arte del Marketing o Mercadotecnia.

Este texto también será de gran utilidad para aquellos universitarios que estén en el camino de presentar su examen EGEL-CENEVAL ya sea en las áreas de Negocios como en Mercadotecnia como tal.

CONTENIDO:

CAPÍTULO 1: MARKETING O MERCADOTECNIA (¿QUIÉN ES KOTLER?)

Empecemos por lo primero. *Marketing* o **Mercadotecnia** son lo mismo. Se le conoce como Marketing en idioma inglés y Mercadotecnia en español. En algunas fuentes bibliográficas (principalmente españolas) se le llega a conocer como Mercadeo.

Mercadotecnia (definición): Consiste en las actividades que se emplean para conocer el mercado, delimitar un mercado objetivo (target) y comercializar un producto a fin de satisfacer las necesidades del mercado meta y obtener una utilidad a cambio.

Hay bastantes variedades sobre esta definición, pero esta es un resumen que conjunta la mayoría de ellas.

Si quieres conocer más de las definiciones básicas del Marketing, investiga a Philip Kotler, quien es considerado el padre del Marketing.

Te doy un resumen muy somero de quién es **Philip Kotler:**

- Nació en Chicago, Estados Unidos, en 1931.
- Estudió la licenciatura en la Universidad DePaul en su ciudad natal por dos años e hizo su maestría en la Universidad de Chicago.
- Después de su maestría, Kotler consiguió un Doctorado en Economía en el Instituto de Tecnología de Massachusetts, el MIT.
- Hizo un Postdoctorado en la Universidad de Harvard en matemáticas y otro en ciencias de comportamiento en la Universidad de Chicago.
- En 1962, Kotler comenzó su carrera como profesor universitario en la Kellogg School of Management
- En 1967 publicó, lo que hoy se considera un libro importantísimo en el Marketing: *Dirección de Marketing: Análisis, Planificación y Control.*
- Desde 1988 el americano es titular de la silla de Marketing Internacional en la Universidad de

Northwestern, uno de los más importantes centros de estudios sobre negocios del mundo.

- Kotler creía que el Marketing estaba estrictamente relacionado a la economía y no sólo por el precio, sino también por la demanda que sufría cambios debido a los canales de distribución.

- El punto más acentuado por el economista era que el beneficio estaba vinculado al bienestar del consumidor y de la sociedad, por lo que el marketing no solo debería ser parte de la estrategia de cualquier empresa como debería ser el centro de la misma.

- Antes de Kotler, el marketing no era considerado un trabajo tan importante en las instituciones como es hoy.

CAPÍTULO 2. DISECCIÓN DE LA DEFINICIÓN DE MARKETING

Analicemos los elementos básicos de la definición para poder comprender de manera muy básica, cuáles son los elementos que debemos de comprender de la mercadotecnia. Así pues; recordemos la definición propuesta:

Mercadotecnia (definición): Consiste en las actividades que se emplean para conocer el mercado, delimitar un mercado objetivo (target) y comercializar un producto a fin de satisfacer las necesidades del mercado meta y obtener una utilidad a cambio.

- **Elemento número 1:** Actividades que se emplean para conocer el mercado (Investigación de mercados).
- **Elemento número 2:** Delimitar una Mercado Meta (Segmentación)
- **Elemento número 3:** Mercado Meta o Target
- **Elemento número 4:** Comercializar un producto (Marketing Mix o 4p's)

- **Elemento número 5:** Necesidades del Target (Pirámide de Maslow).

CAPÍTULO 3: Investigación de Mercados

La Investigación de Mercados consiste en todas las actividades que se realizan con la finalidad de comprender las acciones, actitudes, deseos y necesidades del mercado, es decir, del *target*, véase, aquellos que potencialmente podrían comprar nuestro producto.

La investigación de mercados se puede catalogar de dos maneras:

1. **Por el origen de la fuente**
2. **Por la naturaleza del estudio.**

1. **Por el Origen de la fuente:** En este caso, podemos catalogar la recabación de información por el nivel de relación que guardamos con la fuente consultada, pudiendo dividir las mismas en:
   A. **Fuentes Primarias**
   B. **Fuentes Secundarias**
   C. **Fuentes Terciarias**
   A. **Fuentes Primarias:** Consiste en fuentes de información en las que **PERSONALMENTE** se obtiene la

información requerida. Aquella persona u organización que requiere de la información organiza su propio levantamiento de encuestas u otras herramientas que directamente le darán resultados *ad hoc* al producto que se está evaluando.

B. **Fuentes secundarias.** Consisten en fuentes de información que no fueron diseñadas en específico para el producto o servicio que se está evaluando, pero que dada la naturaleza del producto pueden ser aplicables para lo que se intenta medir. **Por ejemplo:** Estamos por lanzar una nueva marca de refresco. Y una empresa dedicada al estudio y levantamiento de encuestas, digamos, Consulta-Mitofsky, ha publicado en su portal de Internet, una encuesta nacional en México sobre el consumo de esta bebida, per cápita en nuestro país. Esta información no se ha levantado en específico para nuestro producto; pero puede ser de relevancia para comprender el comportamiento del mercado para el lanzamiento del producto que se encuentra en análisis.

C. **Fuentes terciarias:** Consiste en fuentes de información que recopilan información de las fuentes secundarias. A esto se le conoce como un **Meta-Análisis.** Un Meta-Análisis es un estudio de varios estudios. Normalmente se emplea para encontrar correlaciones y tendencias.

   a. **Correlación:** Consiste en el comportamiento de una variable con respecto de otra. Ya sea de manera positiva (cuando una variable crece, la otra también lo hace) o una correlación negativa (cuando una variable crece, la otra disminuye). Las correlaciones pueden ayudarnos a encontrar patrones de consumo, pero debemos de tomar en cuenta una regla básica: **La correlación entre dos variables no**

necesariamente demuestra causalidad (es decir, porque una cosa pase en sincronía con otra, no implica que una cause la otra). **Ejemplo:** Se ha hecho un análisis de las playas de los Estados Unidos. Se ha visto que mientras más sube la temperatura en la playa; más aumenta el consumo de helado. También se ha visto que entre más sube la temperatura en la playa, más ataques de tiburones se presentan en las playas. ¿ello implica que el consumo de helado provoca los ataques de tiburones? O bien ¿implica que las altas temperaturas provocan los ataques de tiburones? Pues ninguna de las anteriores. Al haber calor, más gente entra al mar para refrescarse, lo que aumenta la probabilidad de ataques de tiburones, ya que entre más gente haya en el agua, mayor es la probabilidad de que a algún tiburón se le antoje morder a una persona. Entre más calor hace, también hay más gente que se le antoja comer un helado; pero los helados y los tiburones no guardan relación alguna. Lo dicho, **la casualidad no implica causalidad;** la correlación no indica que una cosa causó la otra.

b. **Tendencias:** Se conoce como tendencia a una preferencia o una corriente que se decanta hacia un fin o fines específicos y que generalmente suelen dejar su marca durante un periodo de tiempo y en un determinado lugar. Tenemos varios tipos de tendencia:

i. **Tendencia alcista:** Esta tendencia, gráficamente, se reconoce cuando en sus movimientos de zigzag, los niveles máximos y mínimos se superan unos a otros de una manera sucesiva.

ii. **Tendencia bajista:** En las gráficas la tendencia bajista se reconoce cuando los movimientos zigzag de los niveles máximos y mínimos, van en descenso.

iii. **Tendencia horizontal:** Gráficamente éste tipo de tendencia se produce cuando todos los niveles máximos se encuentran alineados y lo mismo ocurre con los niveles mínimos.

Las tendencias se pueden clasificar en largo plazo, mediano plazo y corto plazo, generalmente se considera que una tendencia es a largo plazo cuando su duración es por un año o más. La tendencia a mediano plazo es la de un mes o más y la de corto plazo solo, tiene una duración de una semana o menos de un mes.

2. Por la naturaleza del estudio: Un estudio puede ser clasificado en:
   A. **Estudios Cualitativos**
   B. **Estudios Cuantitativos**

A. **Estudios Cualitativos:** Los estudios cualitativos consisten en aquellos en los que se analiza detenidamente al mercado meta con la finalidad de obtener *insights* de los consumidores o potenciales consumidores de un producto.

   a. **Insights:** Consiste en concomimientos profundos, opiniones profundas que tiene una persona sobre un tema, las cuales sólo se expresan en ambientes de seguridad y confianza; en donde no se perciben juicios de valor ni consecuencias por decir lo que realmente se piensa.

Los estudios cualitativos se dividen dos herramientas:

Herramienta 1: Grupos Foco (también conocidos como *Focus Groups o Grupos de Enfoque*, dependiendo de la fuente que se consulte. En México lo más común es llamarle Focus Groups o Grupos Foco. En el resto del mundo hispanoparlante, suele ser más común llamarles Grupos de Enfoque). Los Focus Groups consisten en sesiones de grupo en las que se busca reunir a un panel de miembros del mercado al que se quiere analizar. El número de participantes está a discusión dependiendo de la fuente que revisemos. Pero en consenso general entre los estudiosos es que el número de invitados debe de ser "manejable". Por ello, se recomienda que el número de participantes jamás rebase las 10 personas, pero nunca sea menor a tres personas. También se recomienda que el número de asistentes sea impar; ello con la finalidad de facilitar el análisis cunado busquemos tendencias en las respuestas. Hay que hacer hincapié que este último comentario no es un consenso entre marketeros; pero si una práctica que se realiza.

Los Grupos Foco cuentan con un Moderador. El moderador debe de contar con un documento llamado **escaleta**. La escaleta cuenta con los temas básicos que se quieren tratar en la sesión de Grupo Foco. Generalmente se busca que el moderador cuente con experiencia relevante en el mercado a investigar, con la finalidad de generar la mayor empatía posible y poder extraer la mayor cantidad de *insights* posibles.

Las sesiones de Grupos Foco deben de ser grabadas en video. Ello nos permite analizar el lenguaje no verbal de los participantes, así como el volumen y tono empleado para expresar determinadas opiniones. No queremos tomar como buena una opinión que podría haber sido sarcasmo.

Una vez que se tiene el video, será importante contar con una **versión estenográfica** que la sesión con la finalidad de poder analizar un y otra vez lo dicho en la sesión con el objeto de poder obtener un análisis sobre los resultados obtenidos. Cada vez hay más y mejor software que permite transcribir audio a texto.

Las sesiones deben de ser lo más compactas posible. Una sesión de varias horas puede convertirse en algo muy tedioso de analizar y los *insights* pueden ser de la misma calidad de una sesión de 30 minutos. Por otro lado; una sesión demasiado corta puede no darnos suficiente material como para llegar a conclusiones fidedignas.

Tradicionalmente, una sesión de Grupo Foco se realiza en una *Cámara de Gesell*. La Cámara Gesell es una habitación acondicionada para permitir la observación con personas. Está conformada por dos ambientes separados por un vidrio de visión unilateral, los cuales cuentan con equipos de audio y de video para la grabación de los diferentes experimentos.

La Cámara Gesell fue concebida como domo (*Gesell Dome* en inglés) por el psicólogo y pediatra estadounidense **Arnold Gesell** para observar la conducta en niños sin ser perturbados o que la presencia de una persona extraña causase alteraciones. Su uso no es obligatorio; pero tradicionalmente se considera que, al emplearle, se puede acelerar el proceso de análisis de la sesión, al contar con una sección en la cual los investigadores pueden estar haciendo anotaciones sin necesidad de perturbar a los participantes.

Cabe recalcar que la participación en Grupos Foco debe de ser remunerada. Es decir, a los asistentes debe de otorgárseles algo a cambio por asistir a la sesión de enfoque. En algunas ocasiones se da dinero, tarjetas prepagadas o algún regalo que compense el tiempo invertido en nosotros. Con este respecto debemos de recalcar un problema: **El fraude de segmentación:** Cuando lo que se ofrece es dinero, no es poco común que gente que no pertenece al sector que se trata de investigar, se haga pasar por el mismo con la finalidad de conseguir el dinero que se ofrece. Por ello es importante el realizar una *batería previa* a cada una de las sesiones, para intentar identificar lo mismo. De igual forma, es muy importante hacerles firmar un *Release y un NDA.*

*Release: Documento en el que se establece que al participante en la sesión se la va a grabar y que da el consentimiento de emplear su imagen con fines de investigación.
*NDA (Non Disclosure Agreement): Documento en el que el participante está de acuerdo en no difundir lo visto en

la sesión, particularmente en redes sociales, ya que ello podría fastidiar una campaña de mercadotecnia posterior.

Herramienta Número 2: Entrevistas a Profundidad: Existen ocasiones en las cuales, realizar un Grupo Foco es extremadamente difícil o poco viable, dadas las condiciones del mercado o la premura de la información. La entrevista a profundidad consiste en encontrar los *insights* que se habrían podido obtener en una sesión de grupo, pero de manera individual. El moderador irá a cada uno de los lugares en donde el mercado le pueda recibir y recabará la información necesaria *in situ*. **Ejemplo:** vamos a lanzar un producto que se encuentra particularmente dirigido a CEO's de empresas multinacionales. Estos individuos, difícilmente accederán a asistir a una sesión de grupo, por lo cual, puede ser más viable el pedir cinco minutos de su tiempo para entrevistarlos de manera personal. Las entrevistas a profundidad, por lo general, se busca que sean grabadas en video o audio. No obstante; en ocasiones, el entrevistado se opondrá por lo que en esas ocasiones debemos de acoplarnos a las condiciones que se nos proponen.

*Entrevistas a Profundidad Terciarizadas (o de expertos): Existen ocasiones en las que el acceso directo al mercado es muy difícil; por lo que optamos por consultar con expertos en el mercado. Ahondando en el caso planteado anteriormente; quizás ningún CEO nos ha querido recibir; lo que se puede hacer en este supuesto es entrevistar a gente que está especializada en cumplir con las demandas directamente del mercado; gente especializada en ese mercado.

B. **Estudios Cuantitativos:** Los Estudios Cuantitativos son aquellos mediante los cuales, a través del levantamiento de un cuestionario, buscamos agregar respuestas y encontrar aquellas más populares con la finalidad de tomar decisiones en el ámbito de la mercadotecnia de un producto. Los Estudios Cuantitativos se dividen de acuerdo al número de gente a la que le preguntamos de la siguiente manera:

    a. **Encuestas (le preguntamos a una muestra representativa del mercado)**

    b. **Sondeos (le preguntamos a una muestra no representativa del mercado)**

    c. **Censos (le preguntamos a TODOS los miembros del mercado)**

Encuestas: Las encuestas, que es quizás la herramienta cuantitativa más empleada por los mercadólogos es aquella que le pregunta a una *muestra representativa del mercado.*

*Muestra Representativa; consiste en una fracción del mercado lo suficientemente significativa como para poder asumir que el resto de los integrantes de dicho mercado va a pensar y actuar de la misma manera.

El tamaño muestral dependerá de decisiones estadísticas y no estadísticas, pueden incluir por ejemplo la disponibilidad de los recursos, el presupuesto o el equipo que estará en campo.

Antes de calcular el tamaño de la muestra necesitamos determinar varias cosas:

Tamaño de la población. Una población es una colección bien definida de objetos o individuos que tienen características similares. Hablamos de dos tipos: **población objetivo,** que suele tiene diversas características y también es conocida como la **población teórica.** La población accesible es la población sobre la que los investigadores aplicaran sus conclusiones.

Margen de error (intervalo de confianza). El margen de error es una estadística que expresa la cantidad de error de muestreo aleatorio en los resultados de una encuesta, es decir, es la medida estadística del número de veces de cada 100 que se espera que los resultados se encuentren dentro de un rango específico.

Nivel de confianza. Son intervalos aleatorios que se usan para acotar un valor con una determinada probabilidad alta. Por ejemplo, un intervalo de confianza de 95% significa que los resultados de una acción probablemente cubrirán las expectativas el 95% de las veces.

La desviación estándar. Es un índice numérico de la dispersión de un conjunto de datos (o población). Mientras mayor es la desviación estándar, mayor es la dispersión de la población.

La fórmula para calcular el tamaño de muestra cuando se desconoce el tamaño de la población es la siguiente; llamada coloquialmente como la fórmula de la "**n**".

$$n = \frac{Z_a^{2} \times p \times q}{d^{2}}$$

En donde:
Z = nivel de confianza,
P = probabilidad de éxito, o proporción esperada
Q = probabilidad de fracaso

D = margen de error (error máximo admisible en términos de proporción)

Ahora pues; dado el avance tecnológico, déjame decirte que existen ya calculadoras de cálculo de muestra que puedes encontrar online. **Te dejo un par de links:**

- http://shorturl.at/hlwB7
- https://es.surveymonkey.com/mp/sample-size-calculator/

Hablando de la mayoría de los casos, lo más común es que las encuestas levantadas con fines mercadológicos cuenten con un nivel de confianza de 95% y un margen de error de +/-5%

Sondeos: Consiste en el levantamiento de cuestionarios a un grupo determinado de miembros del mercado meta, sin tomar en cuenta un cálculo de muestra representativa. Por ello, un sondeo difícilmente será una fuente de información válida y fidedigna para tomar decisiones.

Censos: Teóricamente un censo consiste en preguntar un cuestionario a TODOS los miembros de un mercado. Considerando que probabilísticamente es imposible, se considera un censo a todo aquel levantamiento de cuestionarios que cubre al 95% o más de la población.

CAPÍTULO 4: Segmentación.

Se conoce como mercado meta al segmento de la población que va a comprar un producto o que potencialmente podría comprar el producto ya que el mismo satisface necesidades específicas para ese segmento. El mercado meta también es conocido como *Target Market* (empleado así particularmente en México, de manera coloquial se le conoce como *Target.* Al emplear este término, es de gran importancia el pronunciarlo correctamente. La pronunciación es *"targuet".* Jamás debemos pronunciarlo como *"Taryet"*, ya que quedaríamos como ignorantes en la materia de mercadotecnia). Es muy común que el **Mercado Meta** sea conocido también **como Mercado Objetivo.**

El mercado meta se obtiene a través de lo que llamamos un proceso de **Segmentación.** El proceso de segmentación consiste en emplear diferentes elementos con la finalidad de diseccionar y así delimitar a los miembros de nuestro mercado,

Existen varias maneras que se han empleado para segmentar (entre ellas se encuentra la Segmentación Psicográfica, Geográfica, Sociográfica, entre otras); sin embargo, la más exacta y completa es la *Segmentación por Cinco Elementos.*

La Segmentación por Cinco Elementos emplea los siguientes:

1. **Género**
2. **Edad**
3. **NSE (Nivel Socioeconómico)**
4. **Geografía**
5. **LS (Lifestyle o Estilo de Vida)**

1. **Género.** Este elemento ha sido polémico en los últimos años y no nos adentraremos en las discusiones filosóficas o sociológicas del tema. Sólo exploraremos aquello que pragmáticamente nos sirve en la materia de mercadotecnia. Lo primero es estar consciente de que Género y Sexo **NO** son sinónimos. **Género** consiste en las características sociales asignadas al hecho de ser hombre o mujer. **Sexo** consiste en las características genéticas con las que una persona nace, sus cromosomas XX para mujer o XY para hombre y la genitalia que con ello conlleva. Normalmente se considera que la segmentación se realiza a partir del género; y esto es cierto en la gran mayoría de los productos; a menos que lo mismo sea imposible. **Ejemplo:** Las toallas femeninas deberán segmentarse por Sexo y no por Género; al ser su uso directamente vinculado a las características físico-biológicas de

una mujer. No obstante, un vestido es segmentado por género; ya que las características biológicas de la persona son irrelevantes en este caso particular.

2. **Edad:** En lo referente a la edad, aquello de relevancia, pero no es el número cuantitativo que determina la edad, sino la generación a la que el mercado pertenece. La gente ha sido segmentada en diversas generaciones, de acuerdo a los hechos vividos por las mismas y el año de nacimiento de sus integrantes. Las fechas de nacimiento cuentan con discrepancias; así que dependiendo de la fuente pueden variar. Será tarea del mercadólogo el elegir los periodos que considere de mayor relevancia de acuerdo a lo que, de acuerdo a su análisis personal, considera que aglomera a los miembros de una generación de mejor manera. Aquí trataremos de incluir la mayor cantidad de

información posible en cada generación con la finalidad de que el lector pueda llegar a sus propias conclusiones. Las generaciones que se han clasificado hasta el momento (2021) son las siguientes:

a. **Gran Generación o Greatest Generation (1890-1929)**
b. **Generación Silenciosa o Silent Generation (1930-1944)**
c. **Baby Boomers (1945-1968)**
d. **Generación X o GenX (1969-1977) ó (1969-1982) ó (1969-1984) ó (1969-1989)**
e. **Millennials o Milenials o Generación Y o GenY (1983-1999) ó (1985-1999) ó (1990-1999); o en ocasiones también se establece como el fin de los Millennials como 1995; con cualquiera de**

las combinaciones de inicio.

f. Generación Z ó GenZ (2000-2009) ó (1996-2009)

g. Generación Alfa o Generación Alpha (2010-2019)

Gran Generación: Esta es la generación que, en occidente, realizó una gran cantidad de acciones a al final forjaron instituciones y países. Ésta generación peleó en las guerras mundiales y en el caso de México, vivió durante la **Revolución Mexicana.**

Generación Silenciosa: Nació durante el gran *colapso de la Bolsa en los Estados Unidos* y terminó de nacer hacia los finales de la **Segunda Guerra Mundial.** Nació durante un momento de crisis y relativa contracción económica.

Baby Boomers: Nacen al final de la **Segunda Guerra Mundial** y dejan de nacer con los albores del **Festival de Woodstock en los Estados Unidos.** Es la primera generación en la que al adolescente se le considera un mercado viable y se le empiezan a mercadear cosas directamente al mismo. Es una generación que creció durante una bonanza económica por lo que la movilidad social era común en estos casos. Es una generación con gran ética laboral y gran fidelidad hacia la empresa. En su momento fue considerada la generación más amplia de la historia; nacieron muchísimos durante este periodo, de ahí el mote de Baby Boomers. Luego, el número de integrantes de esta generación sería superado por los Millennials.

Generación X: Nacen a partir de 1969 y dejan de nacer…. Bueno, depende de la teoría a la que te acojas. Para poder hacernos de una idea debemos analizar sus características. Supuestamente los GenX son gente que nació en un mundo análogo y vivió lo cambios hacia la era digital, logrando adaptarse a los cambios digitales. Es una generación que creció con la popularidad de la Televisión por cable y los inicios de la micro segmentación al consumir productos como MTV. (por lo que hay fuentes que les identifican también como la **Generación MTV**). ¿cuándo dejó de ser un mundo análogo y se convirtió en uno digital? ¿1982? ¿1984? ó ¿1989? Las características principales de esta generación es la insaciable búsqueda de la felicidad de los integrantes de esta generación. Es una generación acostumbrada a las decepciones, a las catástrofes y al cambio constante. Lo que más valoran es el equilibrio trabajo-familia. En su momento, cuando eran adolescentes se les llamó **Slackers (en español sería algo así como "Vagos")** al percibir que no eran muy motivados hacia el trabajo o el estudio; sin embargo, resultó ser una de las generaciones más resilientes de las que se tenga memoria.

X-nnials o Xennials: Hay en medio una micorgeneración que intenta poner orden al debate entre el inicio y el término de los nacimientos de los Millennials y su relación con los Generación X. Esta teoría dice que los Generación X terminan en 1977 y que de 1978 a 1989 son **X-nnials o también llamados Old Millennials.** A partir de 1990 y hasta 1999 estaríamos hablando de Young Millennials.

Millennials: Nacieron en una era parcialmente digital. Aun no son Nativos Digitales, pero nacieron justo en la transformación de lo propio. Esta generación se caracteriza por el emprendimiento. Es una generación particularmente materialista y aspiracional. Uno de sus más grandes deseos es el acumular bienes materiales. Las marcas y el consumo consuetudinario son de la mayor relevancia para este mercado.

Generación Z o GenZ: Consiste en la generación que nació en una era completamente digital. También se les ha llamado ***Nativos Digitales.*** También está a discusión de cuándo es que podemos considerar que la realidad cotidiana era 100% digital. En este caso, el autor de este libro se inclina a pensar que ello comenzó en el año 2000; sin embargo, hay quienes apuntan como el inicio de la Generación Z, el año de 1996. La Generación Z es aquella de manera despectiva ha sido denominada la "Generación de Cristal" o "Generación de Mazapán". Ello debido a que esta generación se caracteriza por la búsqueda y la lucha de ideales. Cuestiones como la ecología, la lucha de clases, la justicia social y otras causas son de gran relevancia para esta generación.

Generación Alfa o Alpha: Nacen a partir de 2010 y hasta 2019. Esta generación estará marcada por una infancia dominada por la pandemia del *Covid-19* y sus consecuencias. Aun no se cuentan con suficientes estudios como para delimitar un perfil exacto, pero se ha conseguido resumir que este mercado se encuentra caracterizado por la necesidad de la satisfacción inmediata de sus necesidades. Es un mercado que ha crecido con touchscreens y con sistemas que permiten el acceso inmediato a la información por lo que esto marcará a este mercado de una forma de gran importancia.

3. **Nivel Socioeconómico: (NSE; en inglés: SEL** *-Social Economic Level-* **o SES** *–Social Economic Status-***).** Hay una gran cantidad de cosas que se deben de aclarar en este punto. Lo primero es hacer énfasis en que estamos hablando de niveles socioeconómicos y no de "clases

sociales". Yo sé que de manera coloquial se sigue empleando el mote de "clase social"; sin embargo, debemos de hacer conciencia de que este término viene de la teoría Marxista y de su concepto de lucha de clases. Los niveles socioeconómicos miden otra cosa.

Los niveles socioeconómicos se obtienen a través de la medición de una serie de satisfactores a los que tienen acceso una familia en diferentes partes del mundo. El acceso a los bienes y servicios es lo que nos otorga el nivel socioeconómico; no el ingreso pecuniario *per sé.*

En México hay dos organismos que realizan la medición de niveles socioeconómicos con la finalidad de tomar decisiones mercadológicas: Una es la AMA (American Marketing Association; Mexico City Chapter) y la otra es la AMAI (Asociación Mexicana de Agencias de Investigación de Mercados). Los niveles socioeconómicos se calculan a través de una matriz que recopilan las siguientes dimensiones de medición:

- **Capital Humano**
- **Infraestructura Práctica**
- **Conectividad** y **entretenimiento**
- **Infraestructura Sanitaria**
- **Planeación y futuro**
- **Infraestructura básica y espacio**

Nota: El INEGI y el CONEVAL también miden niveles socioeconómicos. Sin embargo, emplean metodologías no estándar para fines mercadológicos.

Algo de suma relevancia en este aspecto es hacer notar que, aunque cada país cuenta con su propia estructura socioeconómica; es decir, cada país cuenta con su propia cantidad y proporción de niveles socioeconómicos que conforman a su población; los niveles socioeconómicos son equivalentes y comparables entre los países. Ello significa que un nivel en México va a tener acceso y un estilo de vida similar y comparable al mismo nivel socioeconómico en los Estados Unidos o en China. (no exactamente igual; pero comparable).

En México, la estructura socioeconómica vigente al 2021 es:

A/B

C+

C

C-

-------- (LÍNEA DE LA POBREZA)

D+

D

E

En donde, todos aquellos que están por encima de D+ son considerados "no pobres" y todos aquellos por debajo de C- serían considerados por debajo de la línea de la pobreza. Las letras C's constituyen los niveles medios (lo que coloquialmente se le consideraría la clase media). Como explicaba en los párrafos superiores; estos son niveles medios comparables con el resto del mundo; los cuales, en el caso específico de México, no se encuentran en el medio de la estructura socioeconómica.

Otro dato de relevancia es que el segmento A/B constituye un constructo integrado, en donde se aglomeran a todos los niveles A's y a todos los niveles B's. Ello debido a que hay poca gente dentro de este nivel; por lo que se deben de compactar para convertirlos en un segmento mercadológicamente viable.

Vayamos con porcentajes en lo referente a la población: En México la proporción de población en cada segmento es la siguiente:

A/B: 5% de la población; conformado en su mayoría por hogares en los que el jefe de la familia tiene estudios profesionales y generalmente estudios de maestría (82%). Cuentan con internet de alta velocidad en casa e invierten el 10% de su gasto en educación de los hijos. El promedio de integrantes de familia es de tres y los hijos van en un 98% a escuelas privadas durante toda su vida escolar. Cuentan con un promedio de tres automóviles de no más de 5 años de antigüedad. Destinan el 28% de su ingreso a alimentos.

C+: 10% de la población. El jefe de familia suele contar con educación a nivel licenciatura. Cuentan con acceso a Internet en casa y cuentan con al menos un vehículo propio con al menos 5 años de antigüedad. Los hijos van a escuela particular; son en promedio cuatro personas por hogar y destinan el 32% de su ingreso a alimentos.

C: 15% de la población. El 83% de los hogares de este nivel están encabezados por un jefe de hogar con estudios de educación básica (preparatoria) o licenciatura trunca. El 17% cuenta con educación superior y un 77% cuenta con conexión de internet fijo en su vivienda. El 40% de ellos manda a sus hijos a escuela de paga, el promedio de habitante por casa es de cuatro; gastan un 35% de sus ingresos a alimentación y el 7% a educación.

C-: 20% de la población: El 74% de los integrantes de este nivel socioeconómico cuenta con educación básica. El 52% cuenta con internet fijo en casa. El promedio de habitantes por hogar es de cuatro. Suelen tener uno o dos automóviles, pero ambos con más de diez años de antigüedad. 38% de sus ingresos los dedican a la alimentación y el gasto en transporte suele abarcar hasta el 24% de su ingreso. En la mayoría de las ocasiones, lo hijos suelen ir a escuelas públicas.

D+: 35% de la población. Sin duda el nivel socioeconómico más numeroso del país. 22% de los hogares cuentan con internet fijo en casa. El 62% de los adultos de este nivel cuenta con estudios de educación básica. 42% de su ingreso lo emplean en alimentos y el gasto en educación suele ser del 7%. En el 80%, cuentan con un automóvil de más de 10 años de antigüedad; aunque suelen moverse en transporte público. Los hijos recurren a educación pública.

D: 7% de la población. El 56% de los adultos de este segmento cuenta con estudios de primaria. El acceso a internet fijo en casa es del 4%. El 46% del ingreso familiar se dedica a la alimentación y el 16% a transporte y comunicación. En muy rara ocasión cuentan con automóvil propio.

E: 8% de la población: El 95% de los pertenecientes a este segmento, carece de estudios de primaria concluida. El internet en casa es del 0.2%. El 52% del ingreso se dedica a la alimentación y el 11% se emplea en transporte y comunicación. Carecen de automóvil propio.

Ahora pues; disgreguemos los ingresos promedio por familia de cada uno de estos segmentos socioeconómicos (datos 2021):

A/B ($180,000 MXP mensuales)

C+ ($96,000 MXP mensuales)

C ($48,000 MXP mensuales)

C- ($24,000 MXP mensuales)

D+ ($12,000 MXP mensuales)

D ($6,000 MXP mensuales)

E ($3,000 MXP mensuales)

Sólo para mantener el contexto, debemos de mencionar que la estructura completa de niveles socioeconómicos a nivel mundial es la siguiente:

A+

A

A-

B+

B

B-

C+

C

C-

D+

D

D-

E+

E

E-

Los Estados Unidos de América, son supuestamente, los únicos que han logrado obtener todos los niveles socioeconómicos en su sociedad. Ello explica el famoso **"Sueño Americano"**.

Como podemos ver, cada nivel socioeconómico se encuentra a tan solo un escalón del que sigue. Ello provoca que, si naciste (o llegaste a los EE.UU.) en el nivel socioeconómico E-; solo estas a un escalón de E y a un escalón de E+; provocando sí que siempre esté a tan sólo un escalón del siguiente nivel socioeconómico; pudiendo llegar así hasta A+.

A diferencia de ello; en México, si naces en el nivel socioeconómico E; para llegar al siguiente escalón existente que es D; hay que sortear dos escalones inexistentes en nuestra sociedad; que son E+ y D-; por lo que hacen la movilidad social de E a D casi imposible.

Cabe resaltar que, en la actualidad, la estructura socioeconómica de los Estados Unidos ha cambiado y ya no poseen todos los niveles socioeconómicos; lo cual ha provocado una menor movilidad social y, por tanto, fricciones sociales en dicho país.

4. **Geografía:** En el factor geografía, podemos contemplar tres posibilidades de segmentación:
   a. Urbano
   b. Rural
   c. Semi-rural

5. **Estilo de Vida.** En estilo de vida estamos buscando un común denominador con el que cuente nuestro mercado meta, que le diferencié de otros segmentos y que nos dé una referencia para poderles agrupar. Por ejemplo; si nuestro mercado meta son todos estudiantes universitarios; ese es un común denominados y termina siendo un Estilo de Vida. Existen algunos estilos de vida que son importantes de conocer en la actualidad en cuestiones de segmentación:
   a. **DINK's** *(Double Income No Kids):* consiste en parejas en las que ambos miembros viven en el mismo domicilio, ambos trabajan, pero no cuentan con hijos; ni pretenden

tenerlos en el futuro cercano. Este es un estilo de vida que con frecuencia gasta mucho; gastan en lujos viajes y el *"perrhijos"* (mascotas).

b. **LGBTTTIQ+:** conocida también como la comunidad Gay, o la comunidad LGBT. Estamos hablando del conglomerado formado por gente: "Lésbico Gay Bisexual Transgénero Transexual Travesti Intersexual Queer y demás diversidades que surjan".

CAPÍTULO 5: Target

Una vez que hemos empleado la segmentación por cinco elementos, podemos describir el target. Por ejemplo, digamos que vamos a describir el mercado meta del refresco Fanta; lo haríamos de la siguiente manera:

Hombres y mujeres; Generación Z; niveles socioeconómicos D, D+, C-, C C+; urbanos, aficionados a deportes como las patinetas y las bicicletas.

Cuidado; que el que nos dirijamos a este mercado objetivo; no necesariamente significa que gente perteneciente a otro segmento no va a comprar el producto. Puede haber gente de 45 años rural que ame tomar Fanta. Lo único que estamos haciendo al segmentar es dirigir nuestro producto a aquel sector que sabemos que va a ser el más interesado en consumir el producto dadas las características propias del mismo.

CAPITULO 6: Marketing Mix

El Marketing Mix o Mezcla de mercadotecnia consiste en una serie de elementos que, en sí, conforman el esqueleto de lo que sería una campaña de marketing. Mediante el análisis de éstos elementos podemos diseñar una estrategia con la finalidad de mercadear un producto. En la actualidad, existen dos versiones principales de Mezcla de Mercadotecnia:

1. **Mezcla Tradicional (conocida como las 4p's**
2. **Mezcla Extendida (También conocida como Mezcla Aumentada)**

En ambos casos, se considera, que, en una empresa, por medio del análisis, manipulación y aplicación de estos elementos, se pueden mejorar las ventas y la eficiencia en general de la empresa; siendo la mercadotecnia y el mercadólogo el eje central y pivotal que provoque el éxito financiero de la institución.

1. **Mezcla Tradicional:** Conocida como **"Las Cuatro P's"**; consiste en **Precio, Plaza, Producto y Promoción;** en donde:

   a. **Precio:** Consiste en la cantidad pecuniaria o de dinero que el consumidor va a desembolsar con la finalidad de comprar el bien ofrecido. Normalmente se identifica con la siguiente formula:

CF+CV+U=P

Donde:
CF = Costos fijos; costos que no cambian de acuerdo al nivel de producción.

CV = Costos Variables; costos que dependen directamente del número de unidades producidas.

U= Utilidad; la ganancia que vamos a obtener de acuerdo a cada unidad vendida. El cálculo de la utilidad dependerá del precio que el mercado esté dispuesto a pagar; sin embargo, un estándar general indica que el precio debería de ser un 300% de los costos. No obstante; existen industrias en donde los márgenes de utilidad son muy pequeños y no cumplen con esta regla; véase la industria restaurantera.

b. **Plaza:** Plaza implica el punto de venta de los artículos a vender y la logística para hacer llegar dichos artículos al punto de venta. Factores que influyen en el factor Plaza:

   i. **POP: Point of Purchase** (Punto de Venta); consiste en el lugar en el que la transacción monetaria se realiza.

ii. **Ubicación en anaquel:** Consiste en la psicología de la colocación del producto en anaqueles, sobre todo empleado dentro de supermercados.

iii. **Logística de entrega:** Consiste en todo lo relacionado para hacer llegar un producto de un almacén o fábrica, al lugar en donde va a ser vendido el producto.

iv. **Competencia local:** El factor plaza es con frecuencia empelado para generar monopolios virtuales y así poder manipular el factor precio. Por ejemplo, en un concierto pueden venderte una cerveza en 100 pesos cuando fuera puedes comprarla en 15. Ello debido a que es la única opción que tienes dentro de la arena en donde se realiza el concierto.

c. **Producto:** El producto es aquello que estamos vendiendo y que debería de satisfacer las necesidades del cliente. Dentro del factor producto tenemos varios asegunes.

i. **El producto real o físico:** Consiste en la composición que compone al producto como tal. Ejemplo: Una Coca-Cola es agua gasificada con azucares, colorantes y saborizantes artificiales. Hay muchos productos que cuentan con una formulación muy parecida, y que desde este punto de vista son productos sustitutos.

ii. **El producto simbólico:** Consiste en el valor agregado que da el producto, pero de manera simbólica. De manera representativa; ello se consigue a través del valor de marca y de la personalidad de la marca. Por ejemplo: Coca-Cola lo que vende es Familia, vende alegría y en su momento vende La Navidad y todo lo que simboliza esa época. Ello le diferencia de los demás refrescos, pero le diferencia no de manera física; sino de una forma indirecta; en cuanto a la percepción y el posicionamiento de marca.

d. **Promoción:** La promoción consiste en todas las técnicas y estrategias empleadas por una empresa para dar a conocer un producto, con el objetivo, en la mayoría de los casos, de generar una venta.

La promoción se clasifica de dos formas:

i. **Por el tipo de estrategia**
ii. **Por el tipo de medio**

Por el tipo de estrategia: Aquí diferenciamos las siguientes estrategias de promoción:

- **Publicidad**
- **Publicity**
- **Promoción de Ventas**
- **Propaganda**

Detallemos cada una de estas:

Publicidad: Consiste en todos los esfuerzos realizados con la finalidad de llegar al cliente potencial, hacerle de su conocimiento la existencia de nuestro producto y hacerle **SENTIR,** que nuestro producto es aquel que puede satisfacer su necesidad de la mejor manera. Aquí debemos de hacer dos aclaraciones muy importantes:

- *Las necesidades no se crean ni se destruyen, solamente se transforman.* Así que por ningún motivo acepten la premisa de que la publicidad **"crea"** o **"genera"** necesidades. Las necesidades son fijas (ya lo veremos en un capitulo posterior).

- **La publicidad hace sentir.** No busca una decisión lógica. **Ejemplo:** Sprite, a través de su publicidad te hace sentir que es la mejor opción para acabar con tu sed en un día caluroso. De manera formal, real; un refresco no es lo ideal para quitar la sed. Lo más efectivo es agua simple. No obstante, la publicidad debe hacerte sentir que lo ideal es otro producto distinto.

Publicity: Lo primero que debemos de aclarar es que la traducción al inglés de la palabra **"publicidad"** es *Advertising.*

Publicity no se traduce al español como Publicidad. Publicity se define como: *Publicidad de pauta no pagada.* Cuando decimos **NO PAGADA,** no quiere decir que es **Gratis.** Lo que queremos decir es que la pauta; es decir cada impacto del mensaje al consumidor no es pagado; aunque la inversión si se traduce en una erogación pecuniaria. La Publicity se divide en las siguientes estrategias:

- **Patrocinios**
- **Product Placement**
- **Boca en Boca**

Patrocinios: Consiste en plasmar una marca en un lugar determinado, haciendo que los impactos lleguen al consumidor, a pesar de que no se pague un espacio publicitario de manera formal. **Por ejemplo:** El Club América de futbol, cuenta con un patrocinio de Huawei. Cuenta con la marca Huawei en la camiseta de los jugadores. Cada vez que el equipo América sale en TV, hay un impacto de la marca. Cada que sale una foto de un jugador en un periódico, hay un impacto de marca, es decir, una pauta. Sin embargo, ninguno de esos impactos fue pagado. Lo único que se pagó fue el patrocinio y ello fue en una erogación única; sin embargo, todos los demás impactos no fueron pagados.

Lo mismo pasa cuando le ponemos, debido a un patrocinio, el nombre de una marca a un recinto o estadio. Si vamos a ver un espectáculo al **Pepsi Center de la Ciudad de México;** así se llama el lugar. Si nos preguntan a donde fuiste, no vas a contestar **"al lugar con nombre de refresco";** vas a contestar que fuiste al **Pepsi Center; en** ese momento ya le hiciste una pauta no pagada al refresco en cuestión.

Product Placement: Consiste en la inclusión de una marca en un producto audiovisual; lo cual provoca, que, aunque la inversión inicial sea fuerte, las pautas, los impactos al consumidor potencial son eternos. **Ejemplo:** en la Serie de películas de *Rápido y Furioso,* el personaje de **Toretto (interpretado por Vin Diesel),** dice que él toma cualquier cerveza siempre y cuando sea **Corona**. Eso es parte de su personalidad y ha jugado un papel en la construcción del personaje. Evidentemente, Corona pagó para que esto saliera en las películas; pero ahora, cada que pasan Rápido y Furioso los domingos en el Canal 5; hay una pauta de Corona que no es pagada; y ahí estará mientras la película se siga emitiendo.

Boca en Boca: Esto son las recomendaciones. Es de gran relevancia tomar en cuenta las recomendaciones de productos; pero ello también ya se ha digitalizado. Hay que tener en cuenta, por ejemplo, los hábitos de consumo de la gente en plataformas como Amazon. Mientras mejores *reviews* tenga un producto, mayor es la posibilidad de compra.

Promoción de Ventas: La promoción de ventas son todas aquellas estrategias que se emplean con la finalidad de mover inventario en el corto plazo. Cuidado, que esta estrategia no va a generar posicionamiento (el lugar que guarda una marca en la mente del consumidor). El posicionamiento sólo se consigue a través de la publicidad. Estas estrategias permitirán agilizar ventas cuando existe falta de líquido. Existen varias estrategias dentro de este rubro:

- **Descuentos**
- **2x1**
- **Tarjetas de lealtad /programas de lealtad**
- **Direct Mailing**
- **Ventas directas**
- **Telemarketing**
- **Bundles (vender por paquete)**
- **Entre muchos más**

Propaganda: La propaganda consiste en un método en el que da a conocer un producto, buscando la **REFLEXIÓN** por parte del cliente potencial. Debemos de hacer **PENSAR** al consumidor final y convencerlo de nuestra idea. Por otro lado, también es de relevancia hacer notar que la propaganda impulsa productos que NO pueden ser comprados con dinero. Es decir, el objetivo principal de la propaganda jamás será el intercambio por dinero. El intercambio inicial requiere de otra cosa; el dinero puede venir después; ya que la primera transacción ha sido terminada.

La propaganda sólo puede ser empleada para los siguientes cinco productos:

- **Política (en donde no se busca dinero en la transacción inicial; sino votos)**
- **Gobierno (en donde no se busca dinero en la transacción inicial; sino popularidad)**
- **Filosofías (en donde no se busca dinero en la transacción inicial; sino adeptos)**
- **Religión (en donde no se busca dinero en la transacción inicial; sino fieles)**
- **Educación (en donde no se busca dinero en la transacción inicial; sino estudiantes)**

Si se dan cuenta; en todos estos casos, **PUEDE** haber la manera de monetizar el producto; pero siempre es más adelante; primero se debe convencer al cliente potencial, de los beneficios que nuestro producto puede otorgarle.

Por el tipo de medio: La clasificación por el tipo de medio, del factor promoción, es francamente muy sencilla. Les clasificamos por el canal que se emplea para llegar al cliente potencial. Así tenemos la siguiente clasificación:

- **ATL (Above The Line – Por encima de la línea)**
- **BTL (Below The Line – Por debajo de la línea)**
- **OTL (On The Line – En la línea – Online)**
- **TTL (Through The Line – A través de la Linea)**

Antes de seguir, hay que comprender qué demonios es la **Línea.** La línea consiste en aquella frontera que divide a la empresa del cliente. Si estas por encima de la línea, tus estrategias se realizan desde tu escritorio. Lejos del mercado. Si estas por debajo de la línea, estas en contacto directo con el mercado. Si estas encima de la línea; estas en un punto intermedio; y ello sólo te lo da el Internet, así que esto es siempre Online; finalmente cuando estas a través de la línea, significa que estás yendo de un lugar a otro, a veces desde la empresa, a veces cerca del cliente y a veces Online.

ATL: Consiste en todas las herramientas a las que llamamos Medios Masivos. Estas son herramientas como la Televisión, la Radio, y todo aquel medio mediante el cual no podamos ver a los ojos al mercado meta, y no sea a través de Internet. Ejemplo: ¿un espectacular en el periférico es ATL?; Respuesta: SÍ ¿por qué?; pues porque no podemos saber exactamente quien lo vio, solo sabemos que muchas personas, no podemos ver a los ojos a quienes los vieron y no fue a través de internet.

BTL: Todas aquellas herramientas en las que podemos tener contacto directo con el mercado; podemos ver a los ojos a los clientes potenciales. Esto incluye cosas como eventos, stands, asistir a ferias y congresos, volantear, repartir fliers, repartir muestras, la realización de activaciones y la realización de happenings.

OTL: On The Line: Consiste en emplear herramientas a través de internet. Estas cuentan con dos variantes: SEO y Redes Sociales.

- **SEO: Search Engine Optimization** (Optimización para Motores de Búsqueda): es un conjunto de acciones orientadas a mejorar el posicionamiento de un sitio web en la lista de resultados; normalmente en Google; aunque sabemos que hay otros buscadores de Internet de gran uso, como **Baidu (el buscador más popular en China).** El SEO trabaja aspectos técnicos como la optimización de la estructura y los metadatos de una web, pero también se aplica a nivel de contenidos, con el objetivo de volverlos más útiles y relevantes para los usuarios.

- **Redes Sociales (de internet):** Consiste en todas las aplicaciones empleadas para conectar a gente de manera social a través de internet. Las más populares son: Facebook, Twitter, YouTube, TikTok, Instagram, entre otras.

TTL: Consiste en el empleo de todas las herramientas anteriores en una sola campaña. Una campaña generalmente dura un cuarto (quarter-tres meses). El empleo conjunto de herramientas se puede realizar de dos maneras:

- **Campaña 360:** Se emplea ATL, BTL y OTL en un orden determinado. Es decir, comenzamos con algo en ATL, seguimos en BTL y terminamos en OTL; o en el orden que se considera más conveniente. El secreto es que no deben de estarse empleando todas las estrategias al mismo tiempo todo el tiempo. Pueden traslaparse en algunas ocasiones, pero se buscará que sea lo menos posible. Esto permite llegar al cliente potencial por diferentes medios, pero ahorra algo de dinero al no emplear todas las estrategias de manera simultánea durante toda la campaña.

- **Campaña IMC** (Integrated Marketing Communications – Comunicación de Marketing Integrado): Consiste en emplear herramientas ATL, BTL y OTL, de forma integrada. Es decir, todo al mismo tiempo durante el transcurso de la campaña. Ello convierte a este tipo de Campaña en una muy cara; pero de alta efectividad.

2. **Mezcla Extendida:** La Mezcla Extendida empela las Cuatro P's tradicionales, pero agrega 3 más. Estas son:
   a. **Procesos**
   b. **Personal**
   c. **Physical Evidence** (conocido en español como "Papeles")

   a. **Procesos:** Consiste en la manera en la que se realizan las cosas dentro de una empresa. Lo ideal es que los procesos estén estandarizados y mapeados. El mapeo de procesos consiste en crear representaciones graficas de cómo se hace lo que se hace en la empresa. Laña estandarización consiste en realizar las tareas a realizar en la empresa, siempre de la misma manera. Ello nos permite identificar anomalías en los procesos y, por lo tanto, evitar problemas antes de que éstos ocurran.

b. **Personal:** Consiste en el Capital Humano con que cuenta la empresa. El seguimiento del factor personal en mercadotecnia se divide en dos dimensiones:

i. **Selección** (consiste en el proceso de reclutamiento de nuevo personal, asegurándonos que la persona cuente con el perfil necesario para cubrir con las responsabilidades del puesto. Lo cual también implica la correcta redacción de los perfiles de cada uno de los puestos dentro de la empresa).

ii. **Entrenamiento:** consiste en darle al personal, las herramientas necesarias para que conozcan los procesos a llevar a cabo, de forma que estos puedan ser estandarizados, y, por lo tanto, se favorezca la imagen de marca.

c. **Physical Evidence:** Conocido también como Evidencia Física y en algunas ocasiones traducido como

"Papeles"; ya que, en español, Evidencia Física no empieza con "p". Consiste en la evidencia que se tenga, de que aquellas acciones que se dice que se han realizado, efectivamente se han realizado. Aquí podemos contar con análisis de eficiencia y el análisis de **KPI's (Key Performance Indicators).**

CAPÍTULO 7: Necesidades del mercado

En un capítulo anterior ya habíamos hablado de uno de los principios básicos del Marketing.

"Las necesidades no se crean ni se destruyen, solamente se transforman"

Esta visión no es algo nuevo; es de vital importancia para poder ser un profesional de la mercadotecnia. Las necesidades esta fijas; solamente hemos modificado la manera en la que las satisfacemos. El ser humano tiene la necesidad de comunicarse; podemos hacerlo de manera verbal, de manera escrita o a través de un Smartphone. La necesidad es la misma, la manera de satisfacerla cambia.

La clasificación de las necesidades fue ideada por un psicólogo estadounidense llamado **Abraham Maslow,** quien nació en Nueva York en 1908 (y murió en 1970). Maslow pasó a la historia como uno de los fundadores y principales exponentes de la psicología humanista, una corriente psicológica que postula la existencia de una tendencia humana básica hacia la salud mental, que se manifestaría como una serie de procesos de búsqueda de auto actualización o autorrealización.

Sus últimos trabajos lo definen además como pionero de la psicología humanista. El desarrollo teórico más conocido de Maslow es la Pirámide de las Necesidades (conocida como Pirámide de Maslow), modelo que plantea una jerarquía de las necesidades humanas, en la que la satisfacción de las necesidades más básicas o subordinadas da lugar a la generación sucesiva de necesidades más altas o superordinadas.

La pirámide de Maslow se ve así:

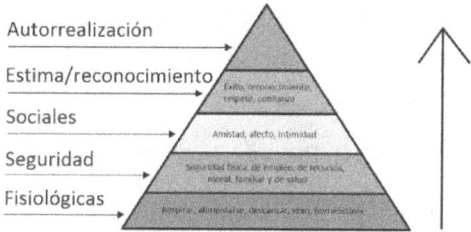

Según Maslow, lo lógico sería que primero buscáramos satisfacer las necesidades de la base, con la finalidad de llegar finalmente a la Autorrealización. Sin embargo, los Mercadólogos nos dimos cuenta de que podemos cruzar necesidades.

Cruce de Necesidades: Consiste en la técnica que se emplea en el Marketing con la finalidad de hacer sentir al mercado meta, que un producto puede satisfacer diferentes necesidades en diferentes estratos de la pirámide de Maslow.

Por ejemplo; la Coca-Cola satisface la necesidad de beber agua. Sin embargo, existen demasiados bienes sustitutos que hacen lo mismo. Sin embargo, Coca-Cola también te hace sentir que satisface la necesidad de amistad y familia. ¿todo eso en un solo producto) ¡pues claro! De esa manera cruzamos necesidades y logramos diferenciar un producto de su competencia.

CAPÍTULO 8: Plan de Marketing

El Plan de Marketing consiste en un documento mediante el cual se determinan las estrategias de marketing que se van a emplear para comercializar un producto, los canales a utilizar y los resultados esperados. Ahí se detallan las cuatro (o siete) P's a ser tomadas en cuenta y la manera en que se están interpretando las mismas.

Tengamos cuidado en NO confundir un Plan de Mercadotecnia con un Plan de Negocios. Los Planes de Negocios incluyen la Misión, Visión y Objetivos de la empresa. Con mucha frecuencia (incluso expertos) cometen el error de introducir estos conceptos en el Plan de Merca; no, no es necesario.

También es necesario distinguir al Plan de Mercadotecnia del Plan de Publicidad, del Plan de Ventas, del Plan de Medios y del Plan Financiero de la Empresa.

Como lo mencionamos antes, el Plan de Merca; sólo cuenta con el análisis detallado de la Mezcla de Mercadotecnia y la Segmentación adecuada del Mercado Meta. Eso es todo.

CAPÍTULO 9: Ciclo de Vida del Producto

El ciclo de vida del producto (CVP) consiste en evolución, basado en el estándar de ventas de un producto, desde su lanzamiento hasta su desaparición del mercado.

Las condiciones bajo las que un producto se vende cambian a lo largo del tiempo; así, las ventas varían y las estrategias empeladas en el Marketing Mix, deben de ser ajustadas de acuerdo a la fase en la que se encuentre el producto.

Las etapas del ciclo de vida son:

- **Lanzamiento (el momento en que un producto nuevo ingresa al mercado)**
- **Crecimiento (aumento progresivo de ventas)**
- **Madurez (el producto llega a su pico máximo de ventas)**
- **Declive (el producto comienza a perder mercado. Es en este punto cuando se puede modificar**

el producto y buscar un relanzamiento con la finalidad de darle una vida nueva al producto)

- **Muerte (Las ventas hacen al producto inviable, por lo que se saca al producto del mercado).**

VENTAS

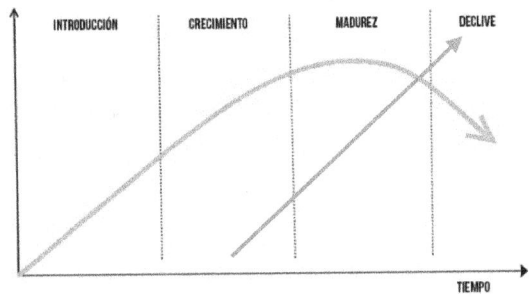

CICLO DE VIDA DE UN PRODUCTO EN EL MERCADO

CAPÍTULO 10: Matriz BCG
La Matriz BCG (también conocida como Matriz de Crecimiento) consiste en un Análisis de Producto y estrategia que casa directamente con el ciclo de vida del producto. Nos permite visualizar a los productos dentro

de una cartera o dentro de una **Unidad Estratégica de Negocio (UEN),** y así analizar el posible margen de rentabilidad futuro de cada uno para decidir en cuales negocios: invertir, desinvertir o qué unidad incluso "matar". La matriz BCG realiza un análisis estratégico del portafolio de la compañía en base a dos factores, la tasa de crecimiento de mercado y la participación de mercado.

La matriz BCG fue creada por el *Boston Consulting Group en 1968* y fue publicada por Bruce D. Henderson, presidente de BCG, en el año de 1970. Desde entonces se ha utilizado para ayudar a las empresas a obtener información sobre qué productos pueden capitalizar de mejor forma las oportunidades de crecimiento de la cuota de mercado.

La Matriz BCG se divide en los siguientes cuadrantes

Estrella | Interrogante

Vaca | Perro

Analicemos pues, cada uno de los diversos cuadrantes:

- **Vaca:** Producto con amplia participación de mercado, pero que ya no crece en ventas. Es una vaca lechera; hay que ordeñarla mientras se puede sin invertir más que lo necesario para que no muera.
- **Estrella:** Es un producto con gran crecimiento de ventas y gran participación de mercado. Hay que invertir en el producto. Cada peso invertido se verá multiplicado.

- **Interrogante:** Es un producto con altas ventas, pero baja participación de mercado. Hay que invertir con cautela. Ello con la finalidad de buscar un crecimiento en la participación de mercado.
- **Perro:** es un producto que tiene baja participación de mercado y bajas ventas. Lo normal es que se busque matar a este producto.

CAPÍTULO 11: FODA o SWOT

El FODA es una de las herramientas más famosas de la mercadotecnia. Es una lástima que casi nadie sabe cómo usarlo. No me malentiendan, casi cualquier mercadólogo sabe cómo construir una Matriz FODA; no obstante, cómo usarla, eso es otro cuento.

Un FODA consiste en un análisis por matriz de los siguientes elementos:

1. **FORTALEZAS** (en ocasiones también referido como "FUERZAS")
2. **OPORTUNIDADES**
3. **DEBILIDADES**
4. **AMENAZAS**

En la versión original en inglés de ésta matriz nos encontramos con un SWOT:

1. **STRENGTHS** (FORTALEZAS)
2. **WEAKNESSES** (DEBILIDADES)
3. **OPPORTUNITIES** (DEBILIDADES)
4. **THREATS** (AMENAZAS)

Quizás te preguntarás por qué estamos haciendo la diferenciación entre idiomas. La respuesta es que, dependiendo del idioma, la matriz nos quedará diferente. Te muestro:

FORTALEZAS	OPORTUNIDADES
DEBILIDADES	AMENAZAS

En idioma español confrontaremos a elementos de derecha a izquierda y de izquierda a derecha; ya que los elementos Fortalezas y debilidades son internos y Amenazas y Oportunidades son externos.

STRENGTHS	WEAKNESSES
OPPORTUNITIES	THREATS

En el caso del SWOT; la confrontación de elementos se realiza de arriba hacia abajo.

Ahora definamos cada uno de los elementos:

- **FORTALEZAS:** Consiste en todos aquellos elementos que hacen de nuestra, compañía, marca o producto sobresalir de los demás. Es en lo que somos buenos, en lo que somos expertos. Es un elemento que viene del interior.

- **DEBILIDADES:** Son aquellos elementos en los que somos malos. En lo que las demás compañías, marcas o productos nos ganan. También es algo interno.

- **OPORTUNIDADES:** Son factores que podemos vislumbrar en los que potencialmente podríamos sobresalir, debido a una circunstancia externa. Una tendencia del mercado, una moda o un evento no propio de la empresa. Hay que hacer notar que no debemos confundir el factor de oportunidades del SWOT con el término "área de oportunidad" empleado en el léxico de los Administradores para hacer referencia a algo que para efectos de mercadotecnia sería una debilidad.

- **AMENAZAS:** Consiste en una moda, o un movimiento del mercado, que podemos vislumbrar, podría afectarnos en el futuro próximo de manera negativa. Es también un factor externo.

Ya que detectamos cada uno de los elementos, debemos confrontarlos, dependiendo del idioma, de izquierda a derecha o de arriba hacia abajo. De esta manera debemos de concluir las estrategias que debemos de emplear. Debemos confrontar elementos internos versus externos, con la finalidad de establecer una conclusión que debemos de incluir en el análisis FODA. Toda conclusión debe terminar con una propuesta de estrategia para poder tratar con nuestras debilidades, aprovechar nuestras fortalezas, subirnos a las oportunidades y evadir las amenazas.

CAPITULO 12: CONCLUSION:

Este es un libro indicado para ser una introducción al Marketing. Hemos simplificado los contenidos para hacerlos lo más entendibles y someros posibles. Hay muchas materias en las que se puede ahondar muchísimo más. La investigación de mercados es una materia extensísima y la Publicidad es su disciplina *per sé.* Sin embargo; el contenido de este texto debería ser lo suficiente como para tener un contexto básico de lo que la disciplina de marketing simboliza.

LIBROS DE CONSULTA:

- Kotler, Philip (2003). Los 80 conceptos esenciales de marketing: de la A a la Z. trad. Dionisio Cámara y Sergio Bilbao. Madrid: Pearson Prentice Hall
- Kotler, Philip; Trías de Bes, Fernando (2004). Marketing

lateral. trad. Eva de Paz Urueña. Madrid: Prentice Hall.

- Kotler, Philip (2005). Preguntas más frecuentes sobre marketing. trad. Antonio Núñez Ramos. Barcelona: Ediciones Granica, S.A
- Kotler, Philip (2007). Dirección de marketing. Pearson Educación, S.A.
- Kotler, Philip (2010). Introducción al marketing. trad. María Teresa Pintado Blanco. Pearson Educación, S.A.
- Kotler, Philip; Armstrong, Gary (2012). Principios de marketing. trad. Yago Moreno López (12ª edición). Madrid: Pearson Prentice Hall.
- Kotler, Philip; Kartajaya, Hermawan; Setiawan, Iwan (2013). Marketing 3.0. trad. Ana Lafuente Córdoba y María de Ancos.

PÁGINAS DE INTERNET:

- AMAI
- AMA (MEXICO CITY CHAPTER)
- INEGI
- CONEVAL